EN HORA PUNTA

VAKIS LOIZIDIS

EN HORA PUNTA

Traducción
JOSÉ ANTONIO MORENO JURADO

EL ÁRBOL DE LA LUZ
54
ΤΟ ΦΩΤΟΔΕΝΤΡΟ

Padilla Libros Editores y Libreros
Sevilla 2024

C O L E C C I Ó N
P O É T I C A
DE AUTORES GRIEGOS
CONTEMPORÁNEOS
EL ÁRBOL DE LA LUZ
ΤΟ ΦΩΤΟΔΕΝΤΡΟ
N.º 54

Título original: Σε ώρα αιχμής

© de los poemas: Vakis Loizidis
© de la traducción: José Antonio Moreno Jurado
© de la presente edición: Padilla Libros

ISBN: 978-84-8434-793-4

D. Legal: SE 795-2024

1.ª impresión, marzo de 2024

Padilla Libros Editores y Libreros
C/ Trajano n.º 18
41002 Sevilla (España)
editorial@padillalibros.com

HECHOS A MANO DE MÁQUINA
(1999)

A AYUDANTES EXTRANJEROS
DE FAMILIA

Los señores no vivirán
para borrar la referencia de la historia
a vuestro paso.
Y, cuando olvidéis dentro de años
vuestro adquirido nombre griego,
un adolescente en la isla de Afrodita
referirá en sus narraciones
a su amada
su orgullo por el lejano Este
y en el jardín regado de lágrimas de vuestro
    delantal
tropezará.

LA TÍMIDA FLOR DEL MURO

Quiero abandonarme al imperio
de una flor
que llamaste tímida
y sin embargo encontró la fuerza
de abrir sus pétalos en el muro
clavada en una hendidura
de la historia de Nicosia
sugiriendo oposición
a la apnea de una época
que saca sus valores
del cubo de basura.

LA MUERTE SABE DE MEMORIA

Tras la lluvia
impido que la luz perfile el cuerpo.
Me suprimo en la habitación
e investigo la policromía del negro.
Me esfuerzo en descomponer la palabra
que aprendí despreocupadamente de pequeño.
Algo es seguro
no elegí venir
y no querré irme.

SEÑAL

Señal materna
de mi cuerpo
que definió un refrán popular
marca de deseo
antes del nacimiento.
Forma irregular en mi pie
como ameba que salvó
el cuerpo de la madre.
Mi deseo
coincidencia en el sueño
sin color
coincidencia comprensible
con mi madre.

DUPLICIDAD

Y anda a convencer a los niños
de que la Luna
no es el rostro nocturno del Sol
cuando ellos te explican
que esta noche no se perdió la Luna
sólo dio la vuelta para dormir
en su otro rostro.

PEQUEÑOS BURGUESES

Clavados en nuestras mecedoras
buscamos los servicios
de un ayudante de familia extranjero.
Casi anglófonos
observamos que líneas poligonales
se borran sobre nuestra tierra.
La idea de la contrapartida
encanta a nuestro pensamiento
pero en la cesta
no quedaron sorteos.
¿Cómo va a caber el nombre de un niño
en esta pantalla?

BOSQUEJO DE UN SIGLO

Indiferente ante el bosquejo
del nuevo siglo
pongo atención a un niño
que pesca sus sueños en los charcos
y en cuclillas se divierte desnudo
con los cangrejos que luchan
en un cubo rojo.
Busca tesoros en la arena
pero sólo encuentra colillas
e intrépido lame un helado
cuando el sol se evapora en su cuerpo.

MONUMENTOS MÓVILES
(2002)

ÁNFORA GRANDE EN
EL AEROPUERTO

Cuando me sacaron de la tierra
tras miles de años
nada era conocido
excepto la luz del sol.
Con buen presagio prescribió el futuro
la inmensa alegría del arqueólogo.
Esperaba que me llenaran de vino dulce
o aceite
que abundaba en la isla
pero tal grandeza para un ánfora
es incapaz de añadir ni siquiera una piedrecita
a la fama posterior del arqueólogo.
Quedé olvidada en los almacenes del museo
para que el polvo me acariciara
hasta que me consideré yo también
digna bienhechora del turismo.
Coleccionista de suciedad
en la sala de llegadas del aeropuerto.
Y desde entonces innumerables viajeros
dirigen una tasa de honor a la cultura
dejando en mi jaula de cristal
una latita de Coca Cola.

FLOR SALVAJE

Por más explicaciones que me des
no puedo comprender
por qué llamaron
a las flores de la montaña y del campo
salvajes.
¿Por qué se atrevieron a calumniar su ternura?
¿por qué minaron así a la naturaleza?

A UN POETA CHIPRIOTA

¿Hasta cuándo sostendrás
en los trágicos acontecimientos
los mismos provechos con fines más alejados?
Bastaría con que escribieras
un poema sobre un desconocido,
con un solo libro de poemas
profanaste finalmente el dolor
de su propia amada.

HACE TIEMPO

Hace tiempo que vine al cementerio
pero tengo buenas justificaciones
cuido a los niños
tuve un segundo
es niña y se parece a ti.
Hace tiempo que vine
a contarte las noticias,
Kika terminó su servicio
y nuestro vecino nos convenció
de que sabe podar.
Frente a nosotros vive
el presidente del Senado.

No me recuerdes
que estás muerta
y no me digas que te cansé
con las novedades de los vivos.
Esta noche te levantaste en el poema.

CHAQUETA CAQUI

En el brumoso Londres
lo echaron del trabajo
porque vestía una chaqueta caqui.
Color contrario al oficio
como le explicaron.
Se acobardó de decirles
que café es el color de los árboles,
café es también la tierra que habitamos.
Vistió un traje gris y regresó
al trabajo de su oficio.
Dentro de su bolsillo tenía
los poemas de Kostas Karyotakis.

MITO DE COMERCIANTES

Que la naturaleza separe la piedra del mito,
que el céfiro sople de Occidente
para alejar los idolillos con falos,
para que no puedan sospechar que aquí estuvo
el lugar de nacimiento de una diosa
que reivindican el Oriente y el Occidente.

Que la naturaleza desvíe la especulación
en beneficio del lugar,
que derribe el registro del mito
como si fuera sencillamente el de un cuento
que se hizo creíble con engaño
en beneficio de los comerciantes.

EDAD INFANTIL

Si pretendes encontrar qué te definió
vuelve a las casas que habitaste.
Escucha a escondidas las palabras del abuelo,
prueba la comida de la sartén de la abuela,
detente a ver las pintadas a lápiz en la pared,
mira con curiosidad el bidé,
lanza la pelota a la lámpara,
sal al jardín
para cortar las rosas de la señora
y regálalas a Levkí
a la que un día heriste.
Escucha otra vez
cuantas veces sean necesarias
el cuento de aquella muchacha
que pocos años antes de tú nacer escribió
en caligrafía: «Se alquilan habitaciones»
a las vecinas de Tajtakalá.
Una esquela amorosa que sólo podía
descifrar tu propio padre.

PRIMAVERA EN GOTEMBURGO

Día de la resurrección
caminando en Gotemburgo.
Así llaman los lugareños a la ciudad portuaria
    del norte.
Así quiero yo también conocerla
con su verdadero nombre
y no a la manera inglesa
como los visitantes de pocos días
con los recuerdos programados.
Porque amé a una mujer que creció en esta
    ciudad
y lleva consigo la nostalgia de los emigrantes
    de los años 60.
Y cuando me quejo de que en esta ciudad mía
los comerciantes no devolvieron el buen gesto
deja con su mirada que se entienda
que todo buen gesto
tiene su sección.

EL PRIMER AMOR

¿Quién no envidió la elocuencia de los
    atenienses
especialmente a los dieciocho años
cuando llegó a la metrópolis
desde la isla para estudiar?
Y ¿quién no alteró su habla,
aunque fuera en parte,
para parecerse a los atenienses
que no eran atenienses?
Y allí donde creyó
que no se oía como isleño lo traicionaron
las palabras curiosamente dichas
con las vocales alargadas
y las consonantes acrecentadas
que tenían la exageración del Sol.
Pero mucho más provocaron la atención
los verbos en tercera persona del plural
    terminados en -usin.
Así nació el primer amor.

ES TIEMPO

Es tiempo de escribir una novela.
Mejor probar con un cuento.
Sobre los héroes no tendré problema,
elegiré entre los televisivos
en adaptación de la prosa a la pequeña
    pantalla.
Aprovecharé a los marginales
cuya vida extasía.
Quizás retoque la vida
de un drogata, de un homosexual
y de un patrón con título.
Cuánto tiempo escribiendo poemas
encerrados por meses en los cajones
para quedar después
sin ser leídos en los entresuelos de las
    librerías.
Seré yo también un digno escritor
con fama en la metrópolis
y segundas ediciones.

EL ANÁLISIS DE UN POEMA
O EL ASESINATO INCRUENTO

Comenzaron con la medida de las sílabas, de
    los versos
para aportar a continuación cortes unos sobre
    otros
hasta determinar la ordenación de las ideas del
    poeta
y cambiar un poema de erótico a nacional.
Por el secuestro a un no lugar
determinaron el lugar de la escritura
para enturbiar el pensamiento de los alumnos.
Tuvieron el valor de explicar que para su
    análisis
utilizaron un método científico.
Al final, dignificados por el asesinato
    incruento
colocaron el poema en la incubadora
hasta la siguiente hora de clase.

EN HORA PUNTA
(2005)

EN HORA PUNTA

El linaje racista somos nosotros
Pequeños encargados del Mediterráneo
    oriental
Que tan fácilmente olvidamos
Que nuestros ascendientes
Llegaron a la Gran Bretaña de entonces
O a la Nueva Australia
Como trabajadores no capacitados
Como aquel asiático
Que con bicicleta
Insiste en atravesar la ciudad
En hora punta.

DIVISIÓN

De la división
Desde pequeño tengo miedo
Cuando la aprendí en el segundo curso
Dividieron mi lugar
En dos actos.
Ahora que la sé
A mi propio hijo
Temo
Ratificará el cociente.

BENDITA DUDA

¿Qué estilo y tema arrojaré al mar
Para coger lubina
Cuando el mundo pierde su coherencia?

SITIO GEOGRÁFICO

Entumecidos y bailarines al mismo tiempo
cargamos el menosprecio de tres continentes
como no preparados huéspedes de flores
en las infinitas gradaciones del ocre
de un lugar dentro y fuera del universo.

EL POEMA PROCURA
ENCONTRAR SU CAMINO

Hoy cuando los poemas
circulan metódicamente
debo encontrar yo también casamentero
aunque le pague bien.
De otra forma, deberé bastarme
con dos o tres colegas míos.
Aunque ellos desdeñan mi arte
con un mal presagio futuro.
Con utensilio de poética no los sobrecargaré.
Me asusté al oír graznar a las aves.

ERIZO

El erizo no se dignificó
En ningún poema
Sino cuando hiere
A la poderosa serpiente.
¿Quién le regaló semejante armadura?

LA LENTA MARCHA DE LA NOCHE

Censuro al Sol
Por la lenta marcha de la noche
Y después me arrepiento.
Si no insistiera en estar en el cénit
Casi a medianoche
Quedarían sin iluminar
Sinuosidades desconocidas de la ciudad.
Y quizás no correríamos a la mentira
Que llevo al puerto del norte,
Porque cuanto más oxímoron se escuche
La luz oculta la verdad
Y las gaviotas asediadoras
No quedan tranquilas al ocaso
En Gotemburgo.

DIÁLOGO O MONÓLOGO

Dependes de la luz
Absorbes todos los colores de los vestidos
Y vestido de negro
Avanzas más allá de la lógica
Tiemblas en las aguas del lago
Como imagen
A veces encoges
Y otras veces pareces locamente pequeño
O quedas oculto en el fondo.

Quiero un nenúfar en el sitio del corazón.
¿Me escuchas como densa oscuridad de la
    existencia?
Quiero florecer.

EN LA PRIMERA CORNISA

Hay objetos
Que aunque los sepas de memoria
O los guardes en el desván
Aparecen en el poema.
El iconostasio medio quemado,
Las podaderas oxidadas,
Los trabajos medio terminados
Y las ventosas en la caja de zinc
Tienen sitio en la primera cornisa.

LAS COSAS ELEMENTALES
(2009)

ME ASUSTASTE TIEMPO

No escribo para quedar
Escribo para huir
Con unos pocos
Escribo para no pasar
A los sencillos destinatarios
De tu brevedad, vida.

Escribo para que mi partida tenga
Una importancia, sin importancia,
Para que mi partida tenga
Una importancia mágica.

NUEVA FECUNDIDAD

Quiero que los ángeles tallados en madera
Sientan MI enigma
Madera barnizada
Oliendo las alas
Habitando insectos
Sus escardaduras
Para no poder ser considerados
Hermosos sin apelación
Para tener algo medio terminado
Aunque planeen aquí y allá
Aunque vuelvan a lanzar
Los genitales del cielo al mar
Para que las feroces olas
Traigan una nueva fecundidad
A mi lado.

PUNTO CLAVE

No es punto clave
El ala en el ángel
Es polo de fantasía
Y si no lo ves pintado
O tallado, suponlo
Mirando una nube
Que viaja silenciosa
En el momento de la tormenta.

LOS CAMINOS DE
TIERRA EN EL MAPA

No me preguntéis cómo
Se señalan los caminos de tierra en el mapa
Cómo se registran esos corredores particulares
Cuando se recorren a una tierna edad
Son muchos los topónimos
Para que quepan en la memoria
Se descongestiona el mapa
A la mirada mental
Le encanta nuestra curiosidad
Dejad vacío el informe
Dejad que aluda a unos pocos versos
Dejad que nos inspire una confusión
Es el poema
Un mapa para el camino perdido

NO VOLVIMOS RESISTENTES
A LO LACRIMÓGENO

En el hombro del alma
Se posó un mariposa
Y viaja
Tu sueño adolescente
Y llegamos al lugar
Por el que el alma suspiraba
Nos hicimos abejas
Y cogemos el polen
Apretadas
La amargura nos hace resistentes
Absurdamente resistentes
A lo lacrimoso.

¿Quién deshonra a las almas
En nombre de un orden fanfarrón?
¿Quién priva
Al futuro del presente?
Detente y escúchanos.

Escuchadnos también vosotros, dioses,
Debemos abolir la muerte
Al menos para las edades
Por debajo de los dieciséis años.

SIN SALVAVIDAS

—Y ¿cómo cambian la marea de la memoria?
—Dime
—¿Cómo agotan el pasado?
—Dímelo a mí también

Me hice hijo de la memoria y temo
Me cansé de pintar caballos de Troya
Y dioses de máquina
De buscar formas
Con salida de peligro
El círculo no fue nunca ideal
Con un poco de agua
Encuentran las flores su buen humor
No puedes quedarte quieta, vida
Quiero viajar sin salvavidas
A donde ninguna línea
Castigue a los hombres.

DIÁLOGO VIVO

Mi madre se quejaba
De que no gozaba en las clases
No vivió mucho
Para ver que gozo con las palabras
Que emigro
a lugares mágicos
a lugares extraños.

Mi madre se alegra mucho
de que no me parecí a ella.
Tenía una vena y la tabicó.
Yo nací con dos voces.
De pequeño perdía el camino,
después olvidaba las llaves.

Mi madre sostenía la llave
En la casa y en el poema.

EN LA PERSPECTIVA DE UNA EUFORIA

Al Pentadáctilo.

Te miro y siento
Que un día te cortarán
Los dedos uno a uno
Después te reconstruirán los dedos
Intentarás encontrar la palma de tu mano
Y sólo encontrarás viviendas.
Te atravesará un agujero
Un gran agujero
Abierto a la circulación.

Siempre hablaban de llanuras fértiles
Jamás hablaron de montañas fértiles.

En la perspectiva de una euforia
Perderás tu altura
Te harás colina, otero, montecito
Y cualquier otra cosa.
Armado ya
Con sistema de riego
Y después con sistema de abastecimiento
No herirás a nadie.

Lleno de viviendas
Avanzarás
A lo bajo, a lo alto y a lo seguro.

Y mientras seas ya hipótesis del sueño
Un pensamiento de llanura
Siempre descansado
Saldrá de la memoria la vieja montaña
Así encontraremos
Así perderemos
El pasado y el futuro.

COLOR

El negro
oculta en sí todos los colores
lo odian los coloristas
lo visten los afligidos
clásico y rock si quieres
coge carbón
y escribe noche.

POR QUÉ TE APAGAS FURIOSO

Te escribí, volví a escribirte
te trabajé
y cuando comprendiste
que te destiné a ser poema
te volviste loco.
No te avergüences me dijiste
de tanto trabajo
para quedar sin ser leído.
Dime obra de arte
dame medida
para tener esperanza de ser cantado,
de otra forma te abandono.
Lloré.
No soy elemento de sensibilidad,
dijiste despiadadamente

MIRO EL POEMA DESDE EL ABISMO

Sabes lo que es
Que te anonade una palabra
Que te coja el sentido
Que te conviertas al abismo
Donde la necesitas infaliblemente
Que te incline hacia adelante no siendo
Que te tiranice
Que quieras abandonarla
Y que ella te llene de humo
Las callejas de la memoria
Que tenga todos sus sentidos
A la hora del parto.

Sabes lo que es
Que las palabras te abandonen
Que quedes sólo
Con el aroma de los hombres
Que las habitaron
Que quedes sólo con la insistencia

De la originalidad.

¿Sabes qué significa
Que traicione el poemas?

PARA QUE NO MURAMOS
ANTES DE MORIR

Al señor Byron
y a Zefi

Frecuentaos
para que no muramos antes de morir.

Abrazaos
para que no muramos antes de morir.

Miraos a los ojos profundamente
para que no muramos antes de morir.

Estremeceos
para que no muramos antes de morir.

Conmoveos
para que no muramos antes de morir.

Dejad que la lágrima ruede naturalmente.

Y si morimos
puesto que nos frecuentamos

puesto que nos abrazamos
puesto que nos miramos profundamente
puesto que nos estremecemos
y nos conmovemos

será nuestra muerte tan luminosa
como el árbol que se eleva
por encima y por debajo de la tierra
Como el árbol
que ilumina sin luz
Como el árbol
que pasa a la eternidad
sin vacilación

LO ESPINOSO
(2020)

EL MUNDO DE CHIPRE

Estos colores café
que van a hacerse negro
pero se asustan.
Estos colores café
que no recuerdan un paraje dominical
Esta luz que envía
a un paraje óptico
de hombres con visión limitada
Estos proyectos de los que fui uno
como resultado de una idea visionaria
Estos proyectos
que utilizó el pintor
para construir su imagen
Esta asamblea escenificada
que no parece en absoluto un encuentro
se colocó más arriba
de lo que merece.
Contiene elementos de vagabundeo
Sale al mundo de la plaza que no teníamos
Al mundo de las cafeterías
Al mundo que gobierna un cura
que seguramente subestima el elemento turco

Perdonadme
pero el mundo de Diamantís parece inválido
El mundo de Chipre permanece vivo
a pesar de la catástrofe.

CEMENTERIO DE SAN NICOLÁS

Con tu Muerte, Titi,
Dije de echar un vistazo
A mi pequeña historia.
Me es difícil encontrar la tumba
De mi abuelo con el mismo nombre
Después de 35 años.
Firmaba Loízu y no Loizidis
como yo. Eso sucede a los agricultores
y rara vez a los ciudadanos que estudiabas.
Me encontré entonces ante la tumba
que adornó la lluvia
con verdes piñones pequeños.
Ante la tumba sencilla del emigrante
que murió en la ciudad del carnaval
el día 3 de enero del 83.
Y preguntaba continuamente si seguían
plantando alcachofas en Filiá que tanto amaba.

DIKKAT WARNING PRECAUCIÓN

Terman Esquilo, en las callejas,
trae ante mí al pregonero
del periódico Fos.
Pasa en bicicleta, grita:
Emboscada, asesinato, desaparición.
Avanzo temblando.
Me muestra las emboscadas de los ingleses.
Llegamos al bar Spit Faiar.
Uno cubierto con sacos de arena
Aprendo que un día el abuelo
solía tocar en Spit Faiar
Bastaba con llegar a casa
A nuestro alrededor, casas ruinosas
En sus fachadas pone
Dikkat Warning Precaución
El almuédano canta
Sacan el Epitafio
Huele a jazmín, el País vive
con dos generaciones de alambradas
en su corazón abandonado.

FALSA CHIMENEA
(2022)

QUE ME LLAMEN CIRRO

Quería ser
nube indecisa
en días de bonanza
sin la densidad
que conduce a la lluvia
Que me llamaran cirro
para no presagiar cambio
colocar la agitación
en espera
ser tres pinceladas blancas
en el lienzo del cielo
las blancas enaguas
de una bailarina del Moulin Rouge
Un cielo viajante
que aplaza continuamente
su bajada a la tierra
Ave blanca
que parece ceniza
Cometa indómito
del que nadie se preocupa
Que me llamen cirro
para temer no ser agua

y terminar
dadme la oportunidad
de salvar una flor.

POEMA ALEGRE

Me pidieron escribir
un poema alegre
Un poema que no tuviera
el amado dolor
Un poema con hielo y corredores
Intocable en la trampa
de una gran idea
Un poema desgraciado escrito
por la fantasía
Un poema
que no humilla al sueño
Una nube
a la que no queme el clavo
de lo que llamamos eternidad
Una obra con elementos firmes
para la belleza de la tormenta
Una casa que conserva
en su campo óptico
lo invisible y la utopía.

MENUDENCIAS

Veinte años después
dormita en nosotros
su existencia
Coso mis botones
con sus propios hilos
Me pongo en carnaval
sus propias gafas
Mi niña se prueba
su propio collar
Sus perlas
despiertan historias.
Nadie falta
Son algunas menudencias
que incluso la muerte
no puede detenerlas.

CASA SIN CAMPANILLA

Vivimos en una casa sin campanilla.
Por el golpe en la puerta
reconocemos a las visitas.
La llamada del abuelo
es rítmica e insistente.
Las llamadas de los niños
se dan siempre en escala de seísmo.
Un amigo, en vez de llamar, silba.
Perdemos a algunas visitas.
A los que dudan en llamar.
A los que no entienden
una casa sin timbre eléctrico.
Mi madre nunca llamó a la puerta.
Nuestros muertos no necesitan
puertas y campanillas para entrar.

FELIZ NAVIDAD

Me es difícil
adornar la casa tan pronto.
Encontrarme en el desván
con las cosas de mis muertos
para bajar el falso árbol.
Preguntar otra vez
quién temió tirar
el medio quemado iconostasio
donde se encontraban los cálices
que reuní en la invasión
detrás de los santos
que quedan ocultos bajo el polvo
porque nadie esperaba
el milagro, al olerlos.
Sé que la caja de zinc
no tiene dentro chocolates.
Sólo ventosas, guardadas cuidadosamente,
y un tenedor envuelto en gasa
que azulea junto al negro ovillo
que nadie busca
para coser su botón.
Te recuerdo abuela

llamando al abuelo, de ancha espalda,
colocando las ventosas
en su espalda sin importarte
cuánto le dolía,
se diría que te vengabas
de su irresponsabilidad.
Queda sin embargo la imagen tan erótica
de la curación.
Las pequeñas vasijas
que resisten aún
a la humedad del desván
se destinaban a señoras de vejez palaciega
que venían por un plato de comida caliente
y una postal de Navidad
escrita por mí sin ortografía
sin miedo alguno
como no temo hablar sobre vosotros
ahora que se acerca la Navidad.
Y que sepáis, ausentes míos,
que no me preocupa en absoluto
si adornaremos el árbol de Navidad.

LUNA LLENA DE 7 DE ABRIL DE 2020

La miré yo también
pero no me entusiasmé.
Preferí la hermosura
de los gatos vacilantes
en las vecindades de San Andrés.
Quiero ver tierra, suelo,
flores salvajes
en medio de la pandemia.
Observar qué tiran
a la basura
tras la limpieza
los habitantes de Nicosia;
como aquella maleta
con las señas
de las aerolíneas chipriotas
y un fanal
junto con judías sin comer.
No deseo explicar
nada. Si Mario trae
espinacas y coles
de Katýdata,
romperé el aislamiento

y las cogeré.
Fotografiaré también otras
cancelas en Dorieon.
A las nueve exactamente
volveré a casa.
Me anunciarás
el número de infectados,
el número de muertos
y quizás hagamos el amor.

ÍNDICE

ÍNDICE

HECHOS A MANO DE MÁQUINA
(1999)

MONUMENTOS MÓVILES
(2002)

EN HORA PUNTA
(2005)

LAS COSAS ELEMENTALES
(2009)

LO ESPINOSO
(2020)

FALSA CHIMENEA
(2022)